Julia Boe

Tamti
und die Weihnachtsüberraschung

CARLSEN

Ein toller Weihnachtsbaum

Die ☀ ist längst aufgegangen. Das kleine 🦫 Tafiti rekelt sich in seinem 🛏. Gerade schlägt er die 👁👁 auf, da durchzuckt es ihn wie ein ⚡: Heute ist ja …! Sofort springt er aus dem 🛏. „Pinsel, aufstehen!", ruft er.

Und als das  🐗 weiterschnarcht, zieht er ihm einfach das 🛏 weg.

„He! Hast du noch alle ☕ im 🚪?", grunzt Pinsel verschlafen. „Aufstehen!", ruft Tafiti wieder. „Heute ist doch …!"

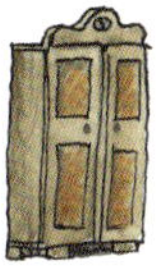

„Stimmt ja!", unterbricht Pinsel ihn.

„Raus aus den 🪶 ! Wir haben alle 🐾🐾

und 🐾 🐾 voll zu tun!" Pinsel schnuppert

mit dem 👃 . Lecker, wie das duftet:

nach 🧁 und 🍪 !

Omama steht nämlich schon am 🍳 und backt den besten 🎃🍩 der 🌍! „Untersteh dich!", schimpft sie, als Pinsel einen 🍪 naschen will. „Die 🍪🍪 sind für später!"

Stattdessen bekommen Tafiti und Pinsel 🍉 und  🍌. Frisch gestärkt schlüpfen die beiden nach draußen. Sie laufen zum großen 🐒 🍞 🌳.

„Hallo!", rufen Mama Matemba und Gina,

die 🦒.

Die beiden helfen Tafiti und Pinsel, den 🌳

zu schmücken: den 🎄! Hier in 🌍 ist der 🎄

ein riesiger 🐒 🍞 🌳.

Und das ist toll, denn die 🎄 hängen schon dran. Sie müssen nur noch angemalt werden. Das übernimmt Pinsel mit seinen 🖌️. Aber das ist nicht alles: Es gibt 🚩, 🍪, bunte 🏮 und große ⭐. Tafiti hängt alles auf. Ohne Gina hätte er es nicht geschafft.

„Ein bisschen höher, bitte!", ruft Tafiti. – „Klar doch!", meint Gina und streckt den 🦒. Ganz schön praktisch: eine 🦒 als 🪜.

Die ☀ steht schon tief, als sie endlich fertig sind. Dann ist es so weit. Alle 🐘 weit und breit strömen zum großen 🎄, um zu feiern!

Das Weihnachtstier

„Und wann gibt es 🎁? ", wollen die 🦉🐊 wissen. „Das ist so", erzählt Opapa. „Später, wenn alles schläft, kommt das 🎅 und bringt die 🎁!" Die 🦉🐊 bekommen große 👀.

„Wie sieht es denn aus, das 🎅 ?", fragt

Tafiti. – „Es ist groß", weiß die alte Matemba.

„E*fs* hat *f*scharfe 🦷 !",

lispelt der 🦁

King Kofi.

„Und ein wuscheliges ", kreischen die .

„Nein, es hat ", zwitschern die aufgeregt. „Und einen !"

„Was denn jetzt?", fragt Tafiti.

„Auf jeden Fall hat es einen an", meint Opapa. „Und es wohnt dort, wo es ganz kalt ist. So kalt, dass die zu werden. Die sehen dann so aus."

Opapa malt eine ✶ in den 🏜. Alle

schauen ihn verdutzt an.

„✶✶✶ ? So ein 🧀 🧀 !", rufen die 🐘🦒

und lachen los.

„Ich würde das 🎅 zu gerne mal sehen!",

seufzt Tafiti. – „Ich auch", grunzt Pinsel.

„Weißt du, was?", flüstert das 🐾.

„Wir bleiben einfach heimlich wach!"

„Au ja!" Pinsel strahlt von einem 🖌 zum

anderen.

Als alle nach 🏠 gehen, verstecken sich

die 🐾 in einem 🌳 gleich neben

dem 🎄 . Und wenn nun das 🎅 kommt und die  🎁 bringt, können sie es sehen!

„Ich bin so gespannt!", wispert Tafiti. — „Und ich

erst!" Pinsel lugt zwischen den Blättern hervor.

oder ? oder ?

Mit oder ohne? Wie sieht es wohl aus?

„Hoffentlich kommt das 🎅 bald", nuschelt

Tafiti müde. – „Ja!" Pinsel gähnt. Das 🦫

und das 🐗 warten

und warten.

Doch dann fallen den 🐕🐎 die 👀 zu.

Kaum sind sie eingeschlafen, klingeln 🔔🔔.

Ein 🛷 landet im weichen 🌱.

Er ist voll beladen mit 🎁.

Zwei 🐻 🐧 steigen vom 🛷. Das eine ist klein, hat 🪶, einen 👄 und trägt einen 🧥. Das andere ist groß, hat wuscheliges 〰️ und ziemlich scharfe 🦷.

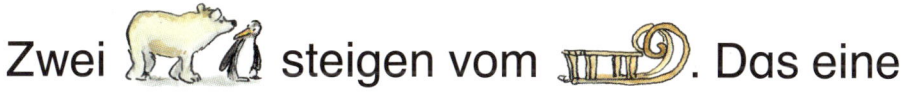

Alle hatten recht! Auch Opapa. Denn beide 🐻🐧 kommen da her, wo es ganz kalt ist: das eine vom 🌍, das andere vom 🌍. Gemeinsam bringen sie allen 🐘🦒 die 🎁.

Allein wäre das nämlich nicht zu schaffen.

Die 🔔🔔 klingeln leise, als die beiden

wieder mit ihrem 🛷 davonfliegen.

Als Tafiti und Pinsel aufwachen, scheint längst die  ☀. Und unter dem 🎄 liegen lauter 🎁.

„O nein!", ruft Tafiti. „Wir haben das 🎅 verpasst!" – „💩", schnauft Pinsel.

Tafiti schlüpft unter dem 🌿 hervor.

„Jetzt wissen wir immer noch nicht, wie es aussieht!" – „Halb so schlimm", findet das 🐗. „Wichtiger ist doch: Die 🎁 sind da!"

Die Wörter zu den Bildern:

- Sonne
- Erdmännchen 
- Bett 
- Augen 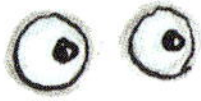
- Blitz 
- Pinselohrschwein
- Kissen
- Tassen 
- Schrank 
- Federn 
- Hufen 
- Pfoten 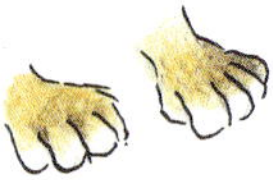
- Rüssel 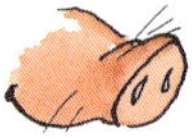
- Kürbiskuchen 
- Plätzchen 
- Herd 
- Welt 
- Keks 
- Melone 
- Bananen 
- Affen 
- Brot 
- Baum 
- Giraffe 
- Weihnachtsbaum
- Afrika
- Christbaumkugeln